MOTEUR LENOIR.

NOTICE

ET

INSTRUCTION PRATIQUE

SUR LE

MOTEUR A AIR DILATÉ

PAR LA

COMBUSTION DU GAZ D'ÉCLAIRAGE.

ATELIERS DE CONSTRUCTION:

115, Rue de la Roquette.

GUSTAVE LEFEBVRE, INGÉNIEUR.

PARIS.

LIBRAIRIE DE E. DENTU

AU PALAIS-ROYAL, GALERIE D'ORLÉANS

ET CHEZ LES PRINCIPAUX LIBRAIRES.

1864

NOTICE

ET

INSTRUCTION PRATIQUE

SUR LE

MOTEUR A GAZ

(Invention de E. LENOIR).

PARIS. — IMPRIMERIE DE E. DONNAUD,

RUE CASSETTE, 9.

MOTEUR LENOIR.

NOTICE

ET

INSTRUCTION PRATIQUE

SUR LE

MOTEUR A AIR DILATÉ

PAR LA

COMBUSTION DU GAZ D'ÉCLAIRAGE.

ATELIERS DE CONSTRUCTION:

115, Rue de la Roquette.

Gustave LEFEBVRE, Ingénieur.

PARIS.

LIBRAIRIE DE E. DENTU

AU PALAIS-ROYAL, GALERIE D'ORLÉANS

ET CHEZ LES PRINCIPAUX LIBRAIRES.

1864

Échelle de 0^mo5 pour Mètre.

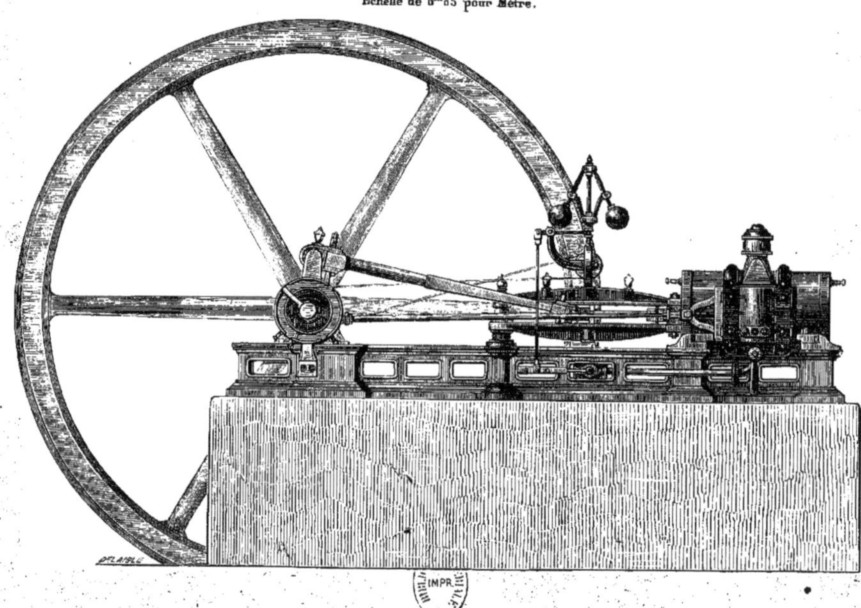

HISTOIRE DES MOTEURS A GAZ.

§ I.

Le Moteur Lenoir n'est pas la première machine
qui ait tourné par l'action des gaz. Nous laissons
complétement de côté les machines qui ont fait
emploi de la force explosive de la poudre à feu.
Elles ne touchent que par des points bien limi-
tés à la question des machines à gaz. Elles n'ont
eu aucune apparence de demi-succès, et si elles
ont droit à quelque souvenir, c'est qu'elles ont
fait l'objet des premières tentatives mécaniques
de Denis Papin, qui devait s'immortaliser en créant
la force par la vapeur d'eau.

Il faut, dans l'histoire des inventions, sauter de
1688 à 1791 pour trouver une tentative dans la
voie des machines réellement mues par le gaz.

La patente prise par John Barber, le 30 oc-
tobre 1791, en Angleterre, est ainsi décrite dans
*les Annales du Conservatoire impérial des arts et
métiers :*

« Mon invention consiste en un vase métallique
appelé cornue, disposé de telle manière que, lorsqu'il est chauffé par le feu qui l'entoure, du bois,

du charbon, de l'huile ou d'autres matières combustibles puissent y être introduits, et que la fumée
ou la vapeur qui s'y réunit puisse s'échapper par
un petit tube et se rendre en un courant régulier
dans un autre vaisseau métallique appelé vaisseau
à explosion (*exploder*) par le moyen d'une pompe
à gaz et d'un compresseur, lequel tuyau, tournant son orifice vers un autre tuyau, qui entre dans
le vase à explosion et qui y fait entrer de la même
manière une quantité considérable d'air atmosphérique, donne lieu au mélange des deux gaz qui,
ainsi mêlés, prendront feu au contact d'une mè-
che ou d'une chandelle placée à l'ouverture du
vase et s'échapperont avec une grande vitesse en
un jet continu de feu aussi longtemps que le
vase sera convenablement alimenté des deux gaz.
Le courant sera considérablement augmenté, tant
en qualité qu'en vitesse si l'on ajoute de l'eau
dans le vaisseau à explosion par le moyen d'un
autre tuyau ; cette eau étant d'ailleurs destinée à
prévenir la fusion des tuyaux et du vase lui-
même, sous l'action du renouvellement et de
l'intensité de la flamme, cette eau aussi bien que
le gaz sont introduits dans le vaisseau à explosion
au moyen d'une pompe..... La machine fonctionne par l'action du courant qui s'échappe de
la bouche du vase et elle peut être employée à
moudre, etc., etc. »

M. Tresca ajoute : « L'utilisation n'est pas réalisée par un piston, mais Barber n'en est pas moins pour nous l'inventeur de la machine à gaz. »

Nous oserons ne pas être de l'avis du savant professeur du Conservatoire et nous attendrons encore, pour trouver l'inventeur de la machine à gaz. Nous avons cité Barber en parlant des machines à gaz, comme en faisant l'histoire des machines à vapeur on cite Héron et Branca.

La machine à vapeur était-elle en voie d'éclosion lorsqu'elle venait mettre en mouvement un tourniquet ou souffler sur les palettes d'une roue ?...

La vapeur n'était pas encore considérée sous son vrai jour; elle fonctionnait comme aurait fonctionné l'eau ou l'air ; son vrai rôle n'était pas soupçonné : elle attendait que Papin vînt l'emprisonner pour manifester alors toute sa puissance et en même temps tout son avenir.

La machine de Barber nous semble dans les mêmes conditions que l'éolipyle de Héron.

La patente de Street, du 7 mai 1794, porte pour titre : *Production d'une force de vapeur inflammable par le moyen de liquide, d'air, de feu et de flamme pour mettre en mouvement les machines et les pompes.* Cet inventeur fabrique le gaz dans le cylindre même où il fait mouvoir *un piston* qui se soulève sous l'action de cette force gazéiforme.

Il semble que l'invention des machines à **gaz** est

copiée sur celle des machines à vapeur ; ce sont les mêmes phases, et, à côté de chaque invention dans les machines à gaz, on peut placer une analogie dans les machines à vapeur : la machine de Barber rappelle l'éolipyle, les noms de Héron et de Branca ; la machine de Street rappelle les machines du marquis de Worcester, du capitaine Savery.

A côté de Watt, nous allons trouver Lebon.

De 1794 à 1801, une grande découverte a lieu. Lebon prend en 1799 un brevet pour un *moyen nouveau d'employer les combustibles à la production de la chaleur et de la lumière ;* — mais à peine cette invention est-elle éclose que Lebon en comprend toute la portée, toute la valeur. Ses procédés sont à peine assez perfectionnés pour donner la lumière, que déjà il voit en eux la chaleur et la force.

La description qu'il donne d'une machine marchant par le gaz peut s'appliquer à toutes les machines qui ont été créées après lui.

Le gaz est produit dans un réservoir spécial ; un cylindre, dans lequel se meut un piston, reçoit successivement, à l'avant ou à l'arrière, un mélange d'air et de gaz : ce mélange enflammé produit une force d'expansion qui fait mouvoir le piston.

On peut dire que la machine à gaz est réellement créée.

Quelques améliorations de détail à introduire, quelques applications des découvertes nouvelles, dont elle devra profiter, voilà ce que nous rencontrons depuis Lebon jusqu'à nos jours.

Lebon a indiqué les pompes à gaz et à air **mues par la machine elle-même. Il a indiqué l'inflamma**tion produite par l'électricité et réglée par la machine elle-même.

En 1807, M. de Rivaz prend un brevet pour une machine basée sur *la déflagration du gaz inflammable*. Il propose, pour enflammer le gaz hydrogène provenant *de la distillation des végétaux*, soit *l'hydrogène phosphoré*, soit l'étincelle électrique ou *galvanique*. — C'est la première fois que l'on rencontre cet emploi de l'hydrogène phosphoré et de l'étincelle produite par la pile.

La patente de Samuel Brown, prise le 4 décembre 1823, spécifie l'emploi du vide qui se produit après la détonation du gaz au lieu de l'action directe.

Dans la machine de Samuel Brown, le cylindre est maintenu froid par l'action de l'eau.

La patente de Herskene Hazard, du 12 août 1826, contient une méthode de préparer les mélanges explosifs et de les employer comme force motrice dans les machines.

La machine de Herskene emploie également l'action du vide ; le mélange explosif est formé par l'air saturé des vapeurs de certains hydrocarbures volatils.

La machine de Wellman Wright, patentée en 1833, fonctionne par le gaz hydrogène mêlé à l'air et enflammé par un bec de gaz. — La machine est à action directe, à un seul cylindre et à double effet. — Le gaz et l'air sont injectés par deux pompes dans le cylindre où ils doivent s'enflammer.

L'admission du gaz hydrogène est réglée, par la machine elle-même, au moyen d'un régulateur à boules : suivant que la marche de la machine s'accélère ou se ralentit, l'admission du gaz hydrogène diminue ou augmente ; par suite, la composition du mélange est plus ou moins énergique.

Nous ne donnons pas ici l'énumération complète de tous les brevets pris en France et en Angleterre pour des machines à gaz. Nous renverrons nos lecteurs à l'intéressant article de M. Tresca (*Annales du Conservatoire des arts et métiers*, juillet 1861). Nous nous appliquons seulement, dans cet exposé historique, à suivre les progrès de l'invention et nous citons seulement celles où nous trouvons, sous un rapport ou sous un autre, quelque chose de nouveau.

En 1841, Demichielis et Monnier prirent en France un brevet pour une machine à gaz.

« L'hydrogène est fabriqué par un moyen quelconque ; une pompe double l'introduit dans un gazomètre avec deux fois son volume d'air atmosphérique. Un piston, agissant dans un cylindre à double effet, aspire le mélange dans le cylindre moteur. — Aussitôt l'introduction du mélange de gaz, la communication entre le volume entré et le tuyau d'ascension se ferme au moyen d'un robinet, et l'étincelle électrique l'enflamme.

» La dilatation qui s'opère par la décomposition des deux gaz chasse le piston comme le ferait la vapeur.

» Dans les localités où *le gaz d'éclairage* se fabrique, il peut être substitué au premier, soit qu'on l'obtienne par la houille, la résine ou toute autre substance. — Dans le cas où l'on emploierait ce dernier gaz, la cuve servirait de réservoir d'alimentation. »

En 1841, James Johnston prend une patente pour une machine à gaz oxhydrogène marchant par l'action du vide. Dans cette machine, un mélange de deux parties d'hydrogène et une partie d'oxygène est introduit sous le piston ; une étincelle électrique y met le feu : le piston est chassé par l'explosion.

Mais ce n'est pas là ce qui constitue le brevet. Johnston dit lui-même que son invention ne se rapporte pas aux machines qui fonctionnent simplement par la force explosive, puisqu'il ne réclame pas le droit exclusif d'employer la force explosive des gaz hydrogène et oxygène qui est connue depuis longtemps. Il se réserve d'utiliser la *condensation* dans les machines qui emploient l'explosion des gaz oxhydrogène, ou, en d'autres termes, il

se réserve l'emploi simultané des propriétés d'explosion et de condensation que possèdent certaines
proportions de gaz oxygène et hydrogène, lorsqu'ils se combinent.

De tous ces essais qu'est-il resté? — Rien.

Les inventeurs ont exercé leur imagination ;
quelques détails ont été perfectionnés, des voies
différentes ont été suivies ; les uns ont utilisé
l'action directe, les autres l'action indirecte, le vide,
la condensation : mais en somme pas une machine
n'a fonctionné industriellement.

Cependant l'insuccès des inventeurs passés ne
décourage pas les chercheurs, et pas une année ne
s'écoule sans que de nouveaux brevets soient pris,
en France ou en Angleterre, pour des machines à
gaz ; les seuls remarquables sont ceux de MM. Degrand, en juin 1858 ; Hugon, en septembre 1858 ;
et enfin Lenoir, en janvier 1860.

On se rappelle le bruit que fit la découverte de
M. Lenoir ; sans rien préjuger de la valeur de
la nouveauté, nous pouvons dire hardiment , sans
crainte d'être contredit , que la machine Lenoir,
dès son origine, eut un grand retentissement,
retentissement que n'avait eu aucune des inventions
qui s'étaient produites avant elle.

Les travaux habiles et consciencieux de M. Hugon
étaient connus et appréciés des ingénieurs qui vi-
vaient dans le monde scientifique et industriel.
On attendait avec intérêt et anxiété des résultats

pratiques; mais il fallait autre chose que des machines savamment étudiées et habilement construites pour faire éclat dans le public. Depuis deux ans, MM. Hugon et Degrand avaient pris leurs brevets, et l'industrie n'avait pas encore utilisé un moteur à gaz. M. Lenoir prenait un brevet au mois de janvier 1860, et quatre mois après, dix machines de son système étaient installées dans Paris, vingt-cinq étaient commandées.

Nous admettrons pour le moment tous les reproches faits aux machines Lenoir, mais il faut bien qu'on nous accorde qu'elles avaient dans tous les cas bien moins de défauts que leurs devancières, qui n'avaient jamais pu prendre droit de cité dans l'industrie.

La machine Lenoir l'a pris et l'a gardé, c'est un avantage qu'on ne peut lui retirer et que les faits prouvent.

Ce n'est pas le résultat d'une appréciation, c'est une réalité.

La machine Lenoir ne pouvait échapper à la critique.

Que dit la critique? La force dans la machine Lenoir n'agit que pendant un $1/10^e$ ou $1/20^e$ de seconde; elle n'a pas le temps de se communiquer au piston, de produire son effet utile; de sorte qu'un frein placé sur l'arbre de la machine n'accuse qu'une partie de la force annoncée par la théorie.

Qu'est-ce que cela prouve? Que la théorie dont parle la critique n'a pas tenu compte du mode d'action et de la nature de la force appliquée, qu'elle a calculé la force de la machine à gaz, comme si elle avait eu affaire à une machine à vapeur. — Mais, après tout, est ce là un procès à faire à la machine Lenoir?

Qu'est-ce que l'on vend à l'industriel qui achète une machine de 1 cheval.

Est-ce la force calculée ou celle mesurée avec le frein?

Est-ce la force théorique ou la force pratique?

Dites qu'il y a lieu de chercher des perfectionnements à la machine Lenoir; qu'il est à regretter que l'on ne trouve pas bien vite un moyen d'utiliser la quantité de travail total produite par l'inflammation. — Mais ne lancez pas une phrase qui est un non-sens. — Pourquoi ne pas jeter le blâme à la machine à vapeur, et, de par la théorie, on aurait le droit d'être pour elle plus sévère encore que pour la machine à gaz.

Une machine à gaz de la force de 1 cheval consomme 2 mèt. cubes de gaz par heure. — Elle produit en une heure 270,000 kilogrammètres. Or, 2 mètres cubes de gaz produisent, en brûlant, 12,000 unités de chaleur, et, d'après la théorie de Joule sur l'équivalent mécanique de la chaleur, chaque unité de chaleur ou calorie correspond à 430 kilogrammètres.

En théorie, la machine Lenoir devrait donner 5,160,000 kilogrammètres; en pratique, elle en donne 270,000, c'est-à-dire 5,23 0/0.

Une machine à vapeur de la force de 1 cheval consomme 5 kilog. de charbon. Elle produit en une heure 270,000 kilogrammètres; 5 kil. de charbon représentent 40,000 unités de chaleur qui, d'après la théorie de Joule, représentent un travail de 17,200,000 kilogrammètres.

En théorie, la machine à vapeur devrait donner 17,200,000 kilogrammètres; en pratique, elle donne 270,000, c'est-à-dire 1,57 0/0.

On dit encore que la machine qui fonctionne au passage des Princes pour l'agrément des promeneurs n'est qu'un appareil de démonstration digne de figurer dans un cabinet de physique, incapable de faire un travail utile dans un atelier. — Pourquoi? Ainsi, dans les expositions des produits de l'industrie, toutes ces machines à vapeur et autres qui fonctionnent à vide ne sont que des joujous. — Ce sont encore des appareils de démonstration pour les cabinets de physique. — Une critique sérieuse et savante aurait demandé à voir la machine travailler au frein ; une critique s'adressant aux gens d'affaires aurait dû demander à voir une machine travaillant industriellement; tout le monde ne comprend pas le frein, tout le monde comprend un travail qui se traduit par des outils qui fonctionnent, qui cassent le sucre, qui rabotent le fer, qui taillent le verre, etc......

Enfin, la critique aurait dû connaître une phrase écrite par une plume bien supérieure à la nôtre comme science et comme autorité.

M. Tresca, après des expériences faites en juillet 1861, à une époque où la machine Lenoir n'était pas ce qu'elle est aujourd'hui, écrivait ceci : M. *Lenoir a prouvé selon nous par la pratique que, dans certaines limites, sa machine est encore applicable avec avantage. Nous l'avons, dans notre article spécial, félicité d'avoir rendu cet appareil vraiment utile dans les limites d'emploi qui lui conviennent, et nous pensons que la persévérance ne doit pas être rejetée au dernier rang parmi les nombreuses qualités qu'on est en droit d'exiger d'un industriel.*

Nous avons essayé dans le commencement de cet article de retracer l'histoire des brevets pris pour les machines à gaz, en faisant surtout ressortir les brevets qui s'inspirent d'une nouveauté.

Patente de Street (1794). — Emploi du piston.

Brevet Lebon (1801). — Effet direct, double effet, inflammation électrique réglée par la machine elle-même, pompes de refoulement.

Brevet Rivaz. — Inflammation par l'hydrogène phosphoré, par l'étincelle galvanique.

Patente de Samuël Brown. — Emploi du vide,

action indirecte, cylindre maintenu froid au moyen de l'eau.

Patente de Herskene-Hazard. — Emploi des hydrocarbures volatils.

Patente de Welman-Wright. — Inflammation par un bec de gaz, emploi du régulateur à boule.

Brevet Demechielis et Monnier (1841). — Emploi du gaz courant.

Patente Jonhston (1841). — Emploi du gaz oxhydrogène par l'action du vide.

Patente Talbot (1840). — Machines marchant avec les gaz de la pile, distribution de l'électricité par des touches disposées sur l'arbre moteur.

Il suffit de lire ce résumé pour comprendre qu'aujourd'hui, en principe, la machine à gaz n'est plus brevetable, et que des dispositions nouvelles peuvent seules faire l'objet d'un brevet.

La machine Lenoir emploie le piston breveté par Street; elle est à effet direct, à double effet, comme la machine de Lebon; elle enflamme par l'étincelle électrique, comme la machine de Rivaz; elle emprunte à Samuël Brown le refroidissement du cylindre par l'eau; elle peut marcher par les hydrocarbures volatils proposés par Herskene-Hazard; peut-être même retrouverait-on dans la patente Talbot l'idée ingénieuse du distributeur circulaire, mais, en plus, *elle aspire le gaz et l'air par le jeu du piston lui-même, sans un mélange préalable toujours dangereux et nécessitant l'emploi des pompes.*

Voilà son droit au brevet, voilà ce qu'on ne peut lui prendre.

DESCRIPTION DU MOTEUR LENOIR.

§ II.

Le moteur Lenoir ressemble à la machine à vapeur. Le cylindre est plus gros, il y a deux tiroirs au lieu d'un, le reste ne diffère pas.

Dans le cylindre, il se fait, par l'un des tiroirs, introduction d'un mélange d'air et de gaz : 90 d'air et 10 de gaz. Ce mélange rencontre une étincelle électrique, et s'enflamme. L'air échauffé se dilate; une partie de l'oxygène de l'air brûle le carbone du gaz pour former de l'acide carbonique, l'hydrogène pour former de l'eau, et toute cette masse gazéiforme opère sur la surface du piston une pression que les organes de la machine transforment en travail. Le second tiroir est destiné à l'échappement des produits de la combustion. Rien de plus simple comme principe. Voyons quelles sont les complications qu'introduit la pratique.

Il faut une étincelle électrique pour enflammer le mélange gazeux de l'intérieur du cylindre. Une pile de Bunsen de deux éléments est placée dans le voisinage de la machine. Mais une semblable pile ne saurait produire une étincelle suffisante; il faut ajouter une bobine d'induction de Faraday, plus connue aujourd'hui sous le nom de bobine de Rhumkorff, du nom du constructeur qui l'a heureusement perfectionnée et construite industriellement.

La bobine d'induction accumule, condense les effluves du courant qui émane d'une pile, comme la bouteille de Leyde condense sur ses armatures le fluide de la machine électrique. La bobine d'induction est la bouteille de Leyde de l'électricité dynamique. De la bobine, le courant emprisonné dans un fil garni de gutta-percha et de caoutchouc, arrive à la machine et trouve, à l'extrémité du fil, une pièce particulière qu'on appelle l'inflammateur. C'est une tige de porcelaine dans laquelle, par deux canaux, venus à la cuisson, circule un fil de platine que l'on interrompt à l'extrémité de la tige qui doit pénétrer dans le cylindre. Une des extrémités du fil de platine, au moyen d'un bouton à presse, est mis en communication avec le fil qui amène le courant; l'autre extrémité est en communication avec la masse métallique des cylindres, par suite avec la terre.

Le courant qui arrive et trouve cette interruption, jaillit d'une pointe de platine à l'autre sous forme d'une vive et brillante étincelle. Cette étincelle enflamme le mélange d'air et de gaz.

Il faut nécessairement que cette inflammation
se produise tantôt à l'avant, tantôt à l'arrière du
cylindre, afin d'engendrer le mouvement alternatif. Il faut donc disposer deux inflammateurs,
l'un à l'avant, l'autre à l'arrière du cylindre, et
envoyer le courant tantôt à l'un, tantôt à l'autre.

Rien de plus simple.

Supposons sur une planchette isolante de
caoutchouc durci deux plaques métalliques sou-
dées aux extrémités des fils qui aboutissent aux
inflammateurs d'avant et d'arrière; entre ces deux
plaques, une aiguille métallique, mobile autour
de son centre, et ce centre en communication
continue avec la pile et la bobine d'induction.

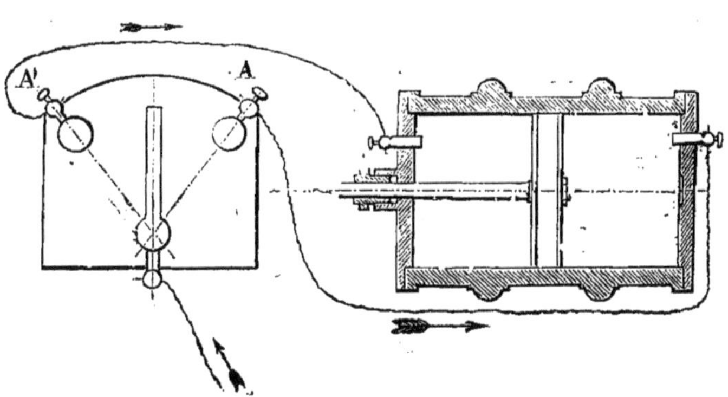

Tant que l'aiguille sera verticale, le courant
trouvera en face de lui la substance non conductrice : il ne passera pas. Si nous inclinons l'aiguille
en **A**, le courant trouve une surface métallique

conductrice et s'écoule bien vite vers l'inflammateur, franchit en forme d'étincelle l'interruption des fils de platine et enflamme le mélange gazeux à l'avant du cylindre. Aussitôt que le coup d'avant se sera produit, déplaçons l'aiguille, amenons-la sur A′. Le courant, un instant interrompu, s'élance vers l'inflammateur d'arrière, enflamme le mélange gazeux, et le coup d'arrière est produit. La machine marche.

Ce que nous venons de faire à la main, pour faciliter l'explication, la machine le fait elle-même au moyen de la pièce qu'on nomme distributeur.

C'est un cercle percé à son centre pour laisser passer une des extrémités de l'arbre (voir pl. 2). Ce cercle est formé d'une substance non conductrice (caoutchouc durci), et porte deux arcs en cuivre représentant à peu près chacun un quart de la circonférence totale.

Chaque arc de cercle porte un fil qui conduit le courant à un inflammateur.

En dedans des deux arcs interrompus se trouve un cercle également en cuivre, mais sans aucune espèce d'interruption. Ce cercle est mis en communication avec le fil qui vient de la bobine (b); il reçoit donc *toujours* le courant. Il faut maintenant que ce courant soit distribué par la machine. Pour cela, on place sur l'arbre même une petite pièce en cuivre (k) complétement isolée par son support, et assez longue pour toucher à la fois le cercle intérieur et un des deux arcs extérieurs.

La machine, en tournant, entraîne avec elle le frotteur; quand il arrive sur les arcs de cuivre, le courant part alternativement vers les inflammateurs.

Rien de plus simple et de plus élégant que cette distribution.

Examinons maintenant comment se produit le mélange d'air et de gaz auquel l'étincelle électrique doit mettre le feu.

Le gaz est amené à la machine par un tube de plomb, comme il serait amené à un appareil d'éclairage. Il s'écoule dans la machine; il y entre sans aucun jeu de pompe, de soupape; l'air s'introduit en même temps par un orifice communiquant librement avec l'atmosphère. C'est là le caractère essentiel de la machine Lenoir; c'est là qu'elle puise son originalité, son succès; c'est là qu'elle prend cet élément indispensable à la pratique, la simplicité.

Pour mettre la machine en marche, il suffit donc d'ouvrir le robinet de gaz, d'appuyer sur le volant de manière à faire avancer le piston de moitié de sa course; immédiatement la chambre formée par l'avance du piston entre le piston et le fond du cylindre se remplit d'air et de gaz; l'étincelle enflamme le mélange; l'air en se dilatant, l'oxygène en brûlant le carbone et l'hydrogène du gaz, forment dans cette chambre une pression qui

peut atteindre 5 à 6 atmosphères, c'est-à-dire
5 k.,16 à 6k., 19 par centimètre carré sur la surface du piston qui se trouve ainsi poussé en
avant et peut emmener avec lui les résistances
auxquelles il est attelé. Aussitôt que le piston est
arrivé à l'extrémité de sa course, il tend à revenir
sur lui-même, parce que l'espace qu'il a laissé
derrière lui n'a plus de puissance, parce que les
gaz qui le poussaient en avant s'échappent maintenant librement dans l'atmosphère, parce que
surtout il est entraîné par le volant. Mais aussitôt que le piston a commencé son mouvement
de retour, une nouvelle chambre s'est formée
derrière lui; le gaz et l'air y ont pénétré; l'étincelle électrique, amenée par le distributeur, met le
feu au mélange, et le piston repart, sous l'influence
de la même force. Le mouvement alternatif recti-
ligne est produit; le reste n'est plus qu'une question
de mécanique élémentaire.

Dans la machine Lenoir l'admission et l'échappement se font par un jeu de tiroirs en tout sem-
blables à ceux de la machine à vapeur dans la
figure ci-jointe ; A représente le tiroir d'introduction, B le tiroir d'échappement.

Si nous supposons le piston P marchant dans
le sens indiqué par la flèche, l'orifice a est en
communication avec le tiroir d'introduction, l'air
arrive par les petits trous figurés, le gaz arrive
par l'orifice plus grand indiqué en X, par consé-

quent l'espace qui se forme en C à mesure que le
piston avance se remplit du mélange explosible.
L'espace D se trouve par l'orifice *b* en communi-

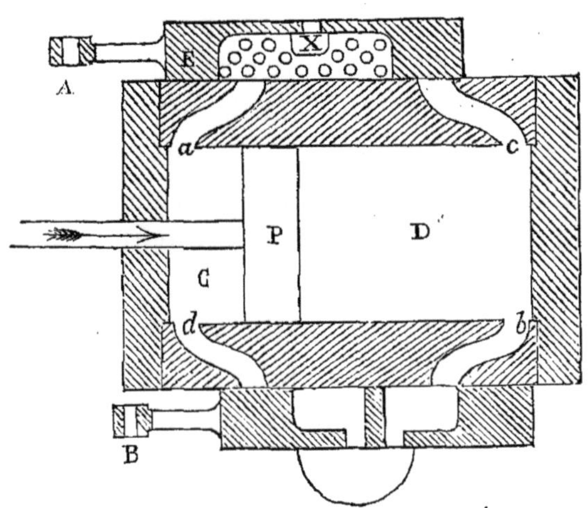

cation avec le tiroir d'échappement, c'est-à-dire
avec l'atmosphère. Au moment où le piston P
arrivera au milieu de la course, le tiroir d'introduction A changera de position ; la partie pleine
s'avancera vers l'orifice et le bouchera herméti-
quement. C'est au moment même où cet orifice
se ferme que l'étincelle électrique met le feu au
mélange gazeux, et la force produite chasse le
piston à l'extrémité de la course. Aussitôt que ce
piston est arrivé à l'extrémité de sa course, le
tiroir d'introduction qui était fermé en *d* fait un
mouvement et découvre l'orifice. La communica-

1.

tion s'établit avec l'atmosphère et les gaz brûlés s'échappent librement. Le même jeu de tiroirs se produit en sens inverse et la machine est en marche.

On comprend que l'inflammation successive des mélanges gazeux doit produire dans le cylindre une élévation considérable de température qui, allant toujours croissant, finirait par brûler les huiles, altérer la matière, désorganiser les mouvements. Pour obvier à cet échauffement, le cylindre a une double enveloppe dans laquelle un filet d'eau passe continuellement.

Voilà toute la machine Lenoir.

Examinons maintenant ses avantages et ses inconvénients, car elle doit en avoir : la perfection n'est pas du domaine de la création des hommes.

EMPLOIS ET AVANTAGES.

§ III.

La machine Lenoir a une supériorité bien in-
contestable : elle est posable partout.

Pas d'enquête *de commodo et incommodo.* — Il
faut, pour l'introduire dans une maison à Paris,
la même autorisation que pour allumer un bec
de gaz ; il faut que les travaux de gaz faits par
l'appareilleur soient vérifiés par la préfecture ;
que la pompe ait affirmé le bon état des condui-
tes, et, de suite, la machine peut fonctionner.
Une fois en marche, la machine n'est plus soumise à aucun règlement : pas de visites des ingénieurs des mines ; pas de procès-verbaux pour un
manomètre infidèle, pour un tube de niveau cassé,
pour un chauffeur absent.

Ajoutons à cela que les Compagnies d'assuran-
ces ne se préoccupent nullement de l'installation
d'une machine à gaz : la prime à payer par l'as-
suré ne change pas.

La machine occupe peu de place : elle a sous
ce point de vue une grande supériorité sur la ma-

chine à vapeur, qui demande un emplacement considérable pour l'installation du bouilleur, des massifs et murs réglementaires. En outre vient la question de la cheminée, cet obélisque de l'industrie, qui, malheureusement, a de plus que son homonyme égyptien la triste ornementation d'un panache noir qui laisse tomber des flammèches charbonneuses.

La machine à gaz est légère. C'est un avantage pour la place à lui donner ; on peut la mettre sans inconvénient à tout étage, au moins pour les petites forces. C'est un avantage pour l'expédier en province, les frais de transport se calculant au poids.

Quant à la question du travail qu'elle peut faire dans l'industrie, ses avantages sont incontestables. Elle réalise, suivant une expression de la presse quotidienne, la grande question de la force motrice à domicile.

Elle s'adresse avant tout à la petite industrie. — Les machines d'un 1/2 cheval, 1 cheval, 2 chevaux et 3 chevaux sont les seules que l'on construise, que l'on doive construire ; mais dans ces limites mêmes quel avenir immense !

L'emploi du gaz d'éclairage se propage tous les jours ; tous les jours de nouvelles villes sont dotées d'usines à gaz ; en créant la lumière on crée en même temps la force.

A côté des industries qui trouvent leur fortune

dans une lumière commode, simple, économique,
il y en a, il y en aura d'autres qui convertiront
le même gaz en mouvement et trouveront dans
cet emploi la source de la richesse.

L'industrie parisienne est, plus que toute autre,
appelée à profiter des bienfaits de la machine à
gaz. Ces articles dits « articles de Paris, » qui font
célébrité sur tous les marchés étrangers, qui sont
les produits commerciaux de ce qui s'appelle le
goût ; tous ces articles se fabriquent dans des
chambres, dans de petits ateliers où la machine à
vapeur ne pénétrera jamais.

Quelle est la force motrice dans ces ateliers ?
— L'homme. — Les besoins de l'industrie parisienne ont créé le tourneur de roue, le « *dam-
natus ad molam,* » et nous voyons au XIX siècle
des hommes condamnés à ce métier que Rome
infligeait à ses esclaves criminels.

Mise en comparaison avec le tourneur de roue,
la machine à gaz est une économie immense. —
Le tourneur de roue travaille à raison de 0,35
l'heure ; il fait 10 kilogrammètres par seconde. La
machine de 1 cheval coûte 0,60 l'heure ; elle
fait 75 kilogrammètres pendant le même temps.
Le rapport des sommes est de ::1 : 1,71. — Le
rapport des forces est : : 1 : 7,5. — Ajoutons à cet
avantage pécuniaire que la machine est docile et
sobre. Il nous reste dans l'économie obtenue une
bien large marge pour compenser les frais d'achat.

d'entretien et de dépréciation de la machine.

Une machine de 1 cheval coûte 1,300 fr. — L'installation générale, gaz, eau, pierres de fondation, etc., reviendra à 300 fr. — Total de la dépense, 1,600 fr. Un intérêt à 6 p. 100 de 96 fr., qui, répartis en trois cents jours de travail, font par jour 32 cent.

La dépréciation de la machine, le nettoyage (une fois tous les trois mois — demi-journée de mécanicien), les réparations, etc., sont bien largement estimés en prenant 10 p. 100 du capital, soit par an 160 fr., soit par jour de travail 53 cent.

Enfin, l'entretien de la pile peut être évalué à 15 cent. par jour. — Le prix net pour l'heure de travail pour une machine de 1 cheval se décompose ainsi :

$$
\begin{array}{lr}
\text{Gaz.} \ldots \ldots \ldots \ldots & 0,600 \\
\text{Intérêt du capital.} \ldots \ldots & 0,032 \\
\text{Dépréciation, réparation.} \ldots & 0,053 \\
\text{Pile.} \ldots \ldots \ldots \ldots & 0,015 \\
\hline
 & 0,700
\end{array}
$$

Le prix du kilogrammètre de travail de la machine

$$
\text{est} = \frac{0,700}{75 \times 3600} = 0,0093.
$$

Le prix du kilogrammètre du bras de l'homme

$$
\text{est} = \frac{0,35}{10 \times 3600} = 0,035
$$

Voyons maintenant comment la machine Lenoir peut lutter avec la machine à vapeur :

Machine à vapeur de 1 cheval.

Charbon, 5 kil. à 40 fr.	0,200
Chauffeur.	0,400
Intérêt du capital.	0,034
Dépréciation, réparation.	0,056
Total.	0,690

Machine à gaz.

Gaz	0,600
Intérêt du capital.	0,034
Dépréciation, réparation.	0,056
Pile.	0,015
Total	0,705

Il y aurait donc, en faveur de la machine à vapeur, une différence apparente de 1 centime, *en supposant qu'elle coûtât le même prix d'achat, d'installation, d'entretien.* Il y a dans ces appréciations deux chiffres qui ne peuvent être discutés : l'achat et l'installation.

A côté de ces considérations, qui sont basées sur des chiffres, et que j'ai, à cause de cela même, présentées les premières, il y en a d'autres qui sont toutes d'appréciation, mais qui, dans l'espèce, ont une grande valeur.

La machine à vapeur n'a pas l'instantanéité de mise en marche et d'arrêt de la machine à gaz ; sa dépense, qui commence bien avant la mise en marche, est tout à fait soumise aux soins et à l'intelligence d'un chauffeur.

Le moteur Lenoir rappelle en tous points ce qui se passe pour les appareils de chauffage au gaz, qui, eux aussi, ont eu bien des détracteurs, après avoir eu bien des admirateurs enthousiastes. Le chauffage au gaz employé pour la cuisine semble, au premier abord, plus cher que le chauffage au charbon de bois, ordinairement employé dans les ménages de Paris. Eh bien ! interrogez quelques ménagères consciencieuses qui ont fait avec intelligence une comparaison suivie entre les deux systèmes, elles vous diront *toutes* que le chauffage au gaz leur a procuré une économie, et que, fût-il aussi cher, même plus cher, elles le préféreraient encore à cause de tous les ennuis qu'il évite.

Comme le chauffage au gaz, la machine Lenoir s'adresse aux petites industries ; elle lutte avec la vapeur pour les petites forces comme le chauffage au gaz lutte avec les petits fourneaux. Ce n'est pas nous qui irions aujourd'hui préconiser les fourneaux à gaz au Grand-Hôtel ou aux Frères-Provençaux pour remplacer leurs fourneaux à la houille, de même que nous ne songerons jamais à proposer une machine Lenoir pour commander les ateliers des Farcot ou des Cail.

La faculté de mise en marche et d'arrêt de la machine Lenoir est évidemment une des causes de l'économie qu'elle procure. Que de fois dans les ateliers un peu nombreux on voit des manquants à l'appel, des retardataires pour qui la machine à vapeur brûle un charbon inutile ! Que de fois la journée commence à 7 heures, à 8 heures au lieu de 6 heures ! Avec la machine à gaz, la marche commence au moment où l'ouvrier a l'outil dans la main ; la dépense est donc en raison directe du produit.

Si, par une cause quelconque, le travail s'arrête, on tourne le robinet de gaz, et la machine ne coûte plus rien.

On a fait reproche à la machine Lenoir d'être bruyante, et, pour ma part, j'en connais qui méritent ce reproche. Heureusement pour l'inventeur, elles n'ont pas été faites par lui. Dans les premiers moments de l'invention, il y a deux ans environ, tout le monde voulait des machines à gaz. Lenoir ne disposait pas d'un atelier convenable pour suffire aux demandes qui venaient de tous côtés; on donna à un constructeur le droit de faire des machines. Au lieu de suivre paisiblement la voie ouverte, ce constructeur se jeta dans toutes les témérités du perfectionnement, modifia les cylindres, les tiroirs. Les machines qui sortaient de ces ateliers étaient inférieures à la première établie par Lenoir. Les machines actuellement construites ne sont pas bruyantes. Un ingénieur distingué, examinant la machine

qui fait marcher les ateliers de construction de la
rue de la Roquette, me disait, il y a un mois environ : « Les yeux fermés, je me serais cru à côté
d'une machine à vapeur. C'est le plus beau com-
pliment que je puisse faire à M. Lenoir. Reportez-
le-lui de ma part. »

On reproche aux machines de ne pouvoir marcher huit jours sans être nettoyées. Celle que j'emploie (machine de 3 chevaux) travaille tous les
jours pendant onze heures. On la nettoie tous les
trois mois; il faut pour cela une demi-journée
d'un mécanicien. Ce que j'affirme pour cette machine, bien des industriels, à moi connus, le diront pour celles qu'ils emploient. Chez quelques-
uns, les machines s'encrassent plus vite ; les net-
toyages sont plus fréquents.

Deux causes amènent cet inconvénient.

Les industries que ces machines font mouvoir
jettent dans l'air une poussière soit de sucre, soit
de fécule, soit de sable, qui se trouve aspirée et in-
troduite dans le cylindre qu'elle encrasse. Souvent aussi on exagère le graissage, on le fait autre-
ment qu'il n'est prescrit. On a répandu dans le
public le bruit que ces machines devaient être
abondamment graissées toutes les demi-heures au
moins. Dans un travail de onze heures, il suffit
de graisser le matin à la mise en marche, une seconde fois à midi; quelquefois dans la journée on
graisse une troisième fois le cylindre.

Est-ce là un inconvénient bien sérieux ?

Il faut, avant toute plainte, se conformer aux indications du constructeur (1).

On reproche aux machines Lenoir de s'arrêter fréquemment. Oui, nous reconnaissons qu'elles s'arrêtent, non pas fréquemment, mais quelquefois. — Est-ce une raison pour les rejeter? Les arrêts viennent presque toujours d'une négligence dans l'entretien des piles. Par désir d'économiser un peu de temps ou un peu d'argent, on ne renouvelle pas les liquides de la pile, malgré les indications données, et un beau jour la machine s'arrête. On l'accuse, au lieu de s'en prendre à soi-même de sa négligence.

Faut-il condamner le télégraphe électrique parce qu'une dépêche n'arrive pas à destination quand les piles sont vieilles? L'électricité est la vie de la machine à gaz, il faut bien en prendre soin.

Est-ce que la machine à vapeur ne s'arrête pas si l'on oublie de mettre du charbon sous les bouilleurs ?

Quelquefois les inflammateurs sont encrassés, l'étincelle ne jaillit pas. Pourquoi n'avez-vous pas soin de les dévisser et de les gratter le jour où vous faites vos piles ? Renouveler les piles, gratter les inflammateurs, voilà deux opérations qui doi-

---

(1) Voir l'Instruction pratique, page 47.

vent être faites le jeudi et le lundi, et elles prendront chaque fois un quart d'heure.

On reproche encore à la machine à gaz de nécessiter l'emploi de l'eau pour rafraîchir le cylindre. Certes, il serait heureux qu'on pût s'en passer ; ce serait une facilité pour la construction d'abord, pour l'installation ensuite. Et la machine à vapeur, ne lui faut-il pas aussi de l'eau ? Et si elle est à condensation, ne lui en faudra-t-il pas plus qu'à sa sœur cadette, la machine à gaz ?

On dit que cette eau qui passe dans la double enveloppe du cylindre y déposera bien vite des incrustations qui arrêteront la circulation.

Les faits prouvent le contraire. On peut visiter des cylindres où l'eau circule depuis bien des mois : il y a une pellicule rougeâtre sur les surfaces; rien de plus (1).

L'eau qui circule ainsi n'a aucune communication avec l'air; elle s'échauffe, se dilate, mais ne se vaporise pas à l'intérieur du cylindre. Or, pour la généralité des sels contenus dans l'eau, la solubilité augmente avec la température.

Dans les chaudières à vapeur, les phénomènes sont tout différents : la vapeur qui s'en va abandonne les sels dans la chaudière : c'est une fabri-

---

(1) Je viens de réparer et nettoyer une machine de 1/2 qui fonctionne chez M. Pouchon, chaussée Ménilmontant, no 10, depuis le mois de juin 1860. La double enveloppe du cylindre ne présentait aucune trace d'incrustation.

cation continuelle d'eau distillée qui laisse à la fin de chaque jour un résidu qu'il faut absolument enlever chaque semaine.

On sait combien les eaux calcaires laissent de résidu dans les bouilleurs des machines à vapeur. L'élément calcaire, bicarbonate de chaux, est tenu en dissolution dans l'eau par l'acide carbonique; quand on chauffe l'eau, elle laisse dégager l'air qu'elle contient; elle laisse dégager l'acide carbonique qui dissolvait le bicarbonate, et le carbonate de chaux, sel insoluble, se précipite aussitôt. Il suffit de chauffer pendant quelque temps à 80 degrés seulement, de l'eau calcaire dans un ballon de verre, pour voir apparaître un trouble bien prononcé.

Dans le cylindre de la machine Lenoir, pas un goutte d'eau ne se vaporise dans l'intérieur, pas une bulle de gaz ne s'échappe; l'acide carbonique reste en présence du carbonate de chaux, et l'eau calcaire est à sa sortie aussi limpide qu'à l'entrée. Quant aux autres sels dont la solubilité est exaltée par la température, il n'y a pas à craindre leur dépôt à l'intérieur.

Nous avons terminé ici l'examen de la machine Lenoir, au point de vue industriel.

Nous avons exprimé en toute sincérité la confiance que nous avons dans sa réussite, apprécié les services immenses qu'elle est appelée à rendre à l'industrie.

Elle a assez de qualités pour se permettre le luxe d'un défaut.

Elle porte, comme toute création de l'homme, le cachet de son origine ; mais, comme toute invention, elle est perfectible. Née depuis trois ans à peine, elle vient hardiment lutter, pour les petites forces, avec la machine à vapeur. La machine à gaz n'est pas parfaite encore ; mais que celle qui est sans défaut lui jette la première pierre.

A la suite de ces indications théoriques, je ne puis mieux faire que de donner la liste générale des personnes qui, à la date de ce jour (1er juillet 1864), emploient le moteur Lenoir dans les industries les plus diverses.

LISTE

DES

MOTEURS PLACÉS DANS PARIS

LISTE
DES MOTEURS PLACÉS DANS PARIS.

Nos D'ORDRE.	FORCE DE CHEVAUX.	NOMS.	ADRESSES.	INDUSTRIE.
1	2	Société des moteurs Lenoir.	19, Passage des Princes.	Exhibition.
2	1/2	Pouchon.	10, Chaussée Ménilmontant.	Dévideur de soie.
3	1/2	Dubochet.	175, Faub.-Poissonnière.	Pompe de Jardin.
4	1	Prudhomme.	9, Avenue Victoria.	Appareils télégrap.
5	2	François.	1. Rue du Cloître-St-Merri.	Scieur de sucre.
6	1/2	Jourdanet.	43, Rue du Colysée.	Pompe pneumatiq.
7	1/2	Doucet.	55, Rue Perronnet (Neuilly).	Pompe de jardin.
8	2	Filliette p. et fils.	32, Rue du Chemin-Vert.	Mécanique.
9	1	Bigot	4, Rue d'Allemagne (Villette).	Boulangerie.
10	1	Pelletier.	7, Rue Pastourelle.	Lapidaire
11	1	Joseau.	27, Rue Saint-Quentin.	Fabr. de pilules.
12	2	Miron.	22, R. de la Vieille-Estrapade.	Fabr. de couverts.
13	1	Jolibois.	26, R. Geoffroy-Langevin.	Tréfilerie.
14	1	Gilles.	3, Rue Méchain.	Pharmacie.
15	3	Bourgerie.	8, Rue du Grand-Chantier.	F. d'œillets métall.
16	1	Révillon.	3, Rue Porte-Foin.	Fonderie de cuivre.
17	1	Arts et Métiers.	Rue St-Martin.	Exhibition.
18	1	Sigaut.	101, Rue Quincampoix.	Fab. de p. d'épice.
19	4	Moniteur univers.	13, Quai Voltaire.	Imprimerie.
20	3	Grand-Hôtel.	Boulevard des Capucines.	Service des eaux.
21	1	id.	id.	Monte-plats.
22	1	id.	id.	Monte-voyageurs.
23	1	id.	id.	Glacière.
24	1	»	»	»
25	1/2	Duthoit.	2, R. du Bac.	Fabr. d'épingles.
26	4	Comp. parisienne.	Usine à gaz (Vaugirard).	Pompes.
27	1	Popart.	14, Rue Piat (Belleville).	Bijouterie.
28	2	Outhenin - Chalandre.	16, Rue Notre-Dame-des-Victoires.	Réglage de papier.
29	1	Comp. parisienne.	2, Place du Palais-Royal.	Exhibition.
30	2	Frélon.	170, Rue St-Dominique.	Eau de Seltz.
31	2	Contour.	140, Rue St-Maur.	Coupeur de poils.
32	1	Dupille.	56, Rue Montorgueil.	Broyage de coul.
33	1/2	Musée d'artillerie.	Place St-Thomas-d'Aquin.	Atelier de précision.
34	3	Riboulet.	39, Rue des Amandiers.	Appareils à gaz.
35	1/2	De Romilly.	20, Rue des Petits-Hôtels.	Chimie.
36	1/2	Jean.	32, Rue d'Assas.	Faïencerie artistiq.
37	3	Wehble.	Rue Scipion.	Boulangerie.
38	1/2	Lasnier.	18, Rue du Bac.	Fabr. de chocolat.
39	1/2	Thuilliez.	138, Boulevard Magenta.	Boulangerie.
40	1/2	Ybry.	30, Boulevard Maillot.	Pompe de jardin.
41	3	Rocca jeune.	9, Rue Beautreillis.	Charcuterie.
42	3	Baudin.	14, Rue Neuve de Lappe.	Travail de bois.

Nos D'ORDRE.	FORCE DE CHEVAUX.	NOMS.	ADRESSES.	INDUSTRIE.
43	»	»	»	»
44	2	Thiery frères.	1, Cité Bergère.	Lithographie.
45	2	Coquet.	Paris-Passy.	Imprimerie.
46	1	Nogaro et Ce.	R. St-Germain (Charonne).	Fab. de savons fins.
47	3	Lechartier.	9, R. de l'Abbaye-St-Germ.	Menuiserie.
48	2	Anthoni-Selter.	29, R. des Cloys (Montm.).	Fonderie de fer.
49	1	Sausserousse.	17, Rue aux Fers.	Fabr. de chocolat.
50	2	Leguerrier.	60, Rue M. le Prince.	id.
51	1	Laissement.	22, Rue J.-J. Rousseau.	Laminage d'étain
52	2	Dupriez.	43, R. Traversière-St-Antoi.	Tourneur en bois.
53	1	Couchoud de Gournay.	39, Rue Quincampoix.	Passementerie.
54	1	Halboisten.	5, R. Bachelet (Montmart.).	Lavoir public.
55	2	Demierre.	Rue Cadet.	Entr. de bâtiments.
56	2	Schlatter et fils.	26, Rue du Petit-Carreau.	Lithographie.
57	1	Delettrez.	11, Vieille route de Neuilly.	Parfumerie.
58	2	Vonget.	100, Rue Ménilmontant.	Fabr. de jouets.
59	1	Derondel.	3, R. des Noyers (Belleville)	id.
60	2	Savart.	10, Petite-Rue-du-Banquier.	Fab. de chaussures
61	2	Perdrau.	2, Rue du Cygne.	Lithographie.
62	2	Desvignes.	Impasse Guéménée.	Eau de Seltz.

Nos D'ORDRE.	FORCE DE CHEVAUX.	NOMS.	ADRESSES.	INDUSTRIE.
63	2	Barrault.	52, Rue de l'Université.	Boulangerie.
64	»	»	»	»
65	2	Bouhier, et Compagnie.	Boul. du Prince Eugène.	Ent. de bâtiments.
66	2	Gillet.	Rue Aubert, près l'Opéra.	id.
67	3	Guy fils.	202, Boul. du P. Eugène.	id.
68	3	Banet.	Rue de la Paix.	id.
69	2	Maigrey et Comp.	43, Rue de Lyon.	id.
70	2	Cazabon.	28, Rue du Mont-Thabor.	Eau de Seltz.
71	1/2	Paillard.	5, Rue du Grand-Chantier.	Grains et farines.
72	2	Granger.	42, Rue Beaubourg.	Polissage d'acier.
73	2	Delabre et Comp.	92, Rue des Gravilliers.	Ecaille.
74	2	Bouyer et Compagnie.	Faubourg St-Denis.	Ent. de bâtiments.
75	3	Solaire.	Rue Laval prolongée.	id.
76	2	Mazou et Faure.	26, Rue de la Chopinette.	id.
77	2	Dallemagne.	Boul. Mazas (Gare de Lyon).	id.
78	2	Dunet.	R. des Vinaigriers (B. Mag.)	id.
79	2	Texier et Durand.	R. Lafayette. R. Montholon.	id.
80	3	Gossard.	Rue Lafayette.	id.
81	1/2	Guérin.	12, Rue Chanoinesse.	Médecin.
82	2	Cornette.	Rue de Clichy.	Ent. de bâtiments.
83	2	Ginier.	28, Rue Cadet.	id.
84	3	Langlois.	Rue Lafayette. R. Olivier.	id.
85	2	Martin.	63, Rue des Martyrs.	id.
86	2	Callou.	130, Faubourg-St-Denis.	id.
87	2	Barcat.	155, Faubourg-St-Denis.	id.

Nos D'ORDRE.	FORCE DE CHEVAUX.	NOMS.	ADRESSES.	INDUSTRIE.
88	2	Dubrugeaud.	Rue St-Nicolas d'Antin.	Ent. de bâtiments.
89	2	Pesas.	R. Chaillot. R.François Ier.	id.
90	2	Parrizot.	44, Boulevard Malesherbe.	id.
91	3	Banet.	Boulevard des Capucines.	id.
92	3	Lambert	Boulevard Beaujon.	id.
93	2	Pesas.	Rue de Chaillot.	id.
94	2	Belzanne.	33, Avenue de l'Impératrice	id.
95	2	Lambert.	Boulevard Sébastopol.	id.
96	3	Delavallade.	Boulevard Magenta.	id.
97	2	Daudé.	67, R. de Paris (Charenton).	Œillets métalliq.
98	2	Delavalade.	Rue Compiègne.	Ent. de bâtiments.
99	3	Menot.	Av. de la Grande-Armée.	id.
100	3	Bauban.	Rue du Port-St-Denis.	id.
101	2	Lasnier.	42, Rue de Montreuil.	id.
102	2	Mallet.	Boul. de la Tour-Maubourg.	id.
103	2	Lemonnier.	B. d'Austerlitz. R. de Lyon.	id.
104	3	Debié.	Boul. Hausmann.	id.
105	3	Guy,	Église Montrouge.	id.
106	3	Bouyer-Cohadon.	Quai Jemmapes.	id.
107	3	Lignel.	246, Rue de Charenton.	id.
108	2	Paulon.	8, Rue Cassette.	Lithographie.

Nos D'ORDRE.	FORCE DE CHEVAUX.	NOMS.	ADRESSES.	INDUSTRIE.
109	3	Dubief et Leblanc	141, Faubourg-Poissonnière.	Ent. de bâtiments.
110	2	Marotte frères.	9, Quai d'Austerlitz.	Grainetier.
111	1	Reclus.	63, Rue de Villers (Neuilly).	Propriétaire.
112	3	Cheilley.	20, Rue de Grammont.	id.
113	2	Adam.	60, Rue Quincampoix.	Imprimeur.
114	3	Clausse.	75, Boulevard Malesherbe.	Entrepreneur.
115	3	Dodille.	Rue de Turin.	id.
116	3	id.	id.	id.
117	3	Duchêne.	Rue Lafayette.	id.
118	2	Bourbonneaux.	B. Monceaux. R. Miroménil.	id.
119	»	»	»	»
120	2	Vincent.	138, Rue de Vaugirard.	id.
121	1	Séranne.	53. R. Sedaine.	Modeleur.
122	1	Coudray.	96, Rue de la Roquette.	Boulanger.
123	2	Pelletier.	Gare du Nord.	Ent. de bâtiments.
124	3	id.	id.	id.
125	3	Choisy.	Rue Lafayette.	id.
126	2	Bouveze.	210, Rue St-Maur.	id.
127	2	Bord.	22, Rue de la Pépinière.	id.
128	1	Granjon.	49, R. de Beaune (Belleville).	Cordes harmoniq.
129	1	Quesnel.	143, Boulevard Beaujon.	Epicerie.
130	3	Maxime Bouger.	17, square Napoléon.	Menuiserie.

DISPOSITION GÉNÉRALE
des Appareils électriques et de l'arrivée du Gaz
PL. N° 2.

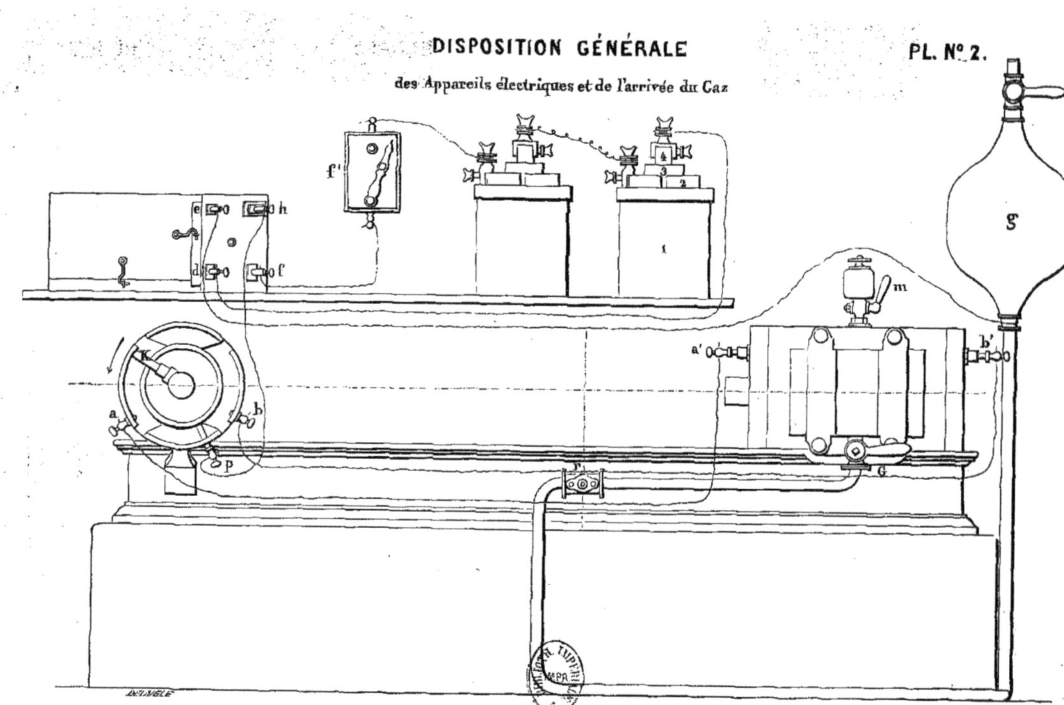

f'
e
h
d
f'
K
a
b
p
a'
m
b'
G
g
DELINGLE

INSTRUCTION PRATIQUE.

Les machines se placent sur une pierre de fondation dont les dimensions sont les suivantes.

	LONGUEUR.	LARGEUR.	HAUTEUR.
1/2 cheval	1,45	0,33	0,65
1 cheval	1,94	0,43	0,65
2 chevaux	2,45	0,48	0,67
3 chevaux	2,65	0,55	0,70

L'emplacement total pour les machines (volant compris), est :

	LONGUEUR.	LARGEUR.
1/2 cheval	1,90	0,72
1 cheval	2,44	0,91
2 chevaux	3,11	1,19
3 chevaux	3,59	1,28

Les planches, 3, 4, 5 et 6 indiquent tous les détails nécessaires pour la pose de la pierre de fondation de la machine et pour celle de la pierre du palier soutenant l'extrémité de l'arbre.

Lorsque la position de la machine permet de placer le palier dans un gros mur on peut se dispenser de la pierre spéciale.

Les machines de 1/2 cheval et 1 cheval peuvent se placer sur des bâtis en bois solidement reliés par des entre-toises en fer.

On fixe les machines sur les pierres de fondations au moyen de boulons à clavettes.

Les poids des machines sont :

1/2 cheval.	**300 k.**
1 cheval	**800 k.**
2 chevaux	**1,200 k.**
3 chevaux	**1,800 k.**

Il y a toujours avantage, surtout dans certaines industries, à placer les machines dans un endroit separé des ateliers. Dans le cas où la machine se trouverait exposée dans une atmosphère chargée de poussière, sable, fécule, farine, etc., il convient de supprimer le chapeau de cuivre de la prise d'air, et de le remplacer par un tuyau de même diamètre que l'orifice et débouchant à l'intérieur. Ce tuyau peut être en fer-blanc. Les machines à gaz n'entraînent avec elles aucun attirail de charbon, d'outils, etc., se prêtent parfaitement à une installation élégante. On peut les placer sous une vitrine. Les endroits frais sont ceux qui leur conviennent le mieux.

Circulation d'eau.

Le cylindre de la machine s'échaufferait trop si l'on n'avait le soin de le rafraîchir par un courant d'eau froide. Deux orifices, placés, l'un sur le contre-tiroir d'échappement, l'autre sur le cylindre même, sont destinés à cette circulation nécessaire. On amène l'eau froide à l'orifice du contre-tiroir ; l'eau chaude s'écoule par l'orifice du cylindre. Les tuyaux d'arrivée et de départ sont en cuivre au moins sur une longueur de 1 mètre, le reste en plomb. *Le tuyau d'arrivée seul est muni d'un robinet.*

Les diamètres de ces tuyaux sont :

1/2 cheval.	16	millimètres.
1 cheval.	18	id.
2 chevaux	18	id.
3 chevaux	20	id.

Lorsque l'on possède une concession d'eau de la ville, qui permet d'établir une circulation naturelle, on se trouve évidemment dans les conditions les plus favorables ; lorsque l'on n'a pas ce moyen à sa disposition, il faut établir une circulation artificielle.

On détermine la circulation d'eau au moyen d'une petite pompe que la machine met en mouvement. La pompe doit prendre l'eau à la partie inférieure du réservoir et la rejeter à la partie supérieure.

Les capacités à donner aux réservoirs sont les suivantes :

Machines de 1/2 cheval . . .		500	litres.
id.	1	cheval . . .	1,200	id.
id.	2	chevaux. . .	2,000	id.
id.	3	chevaux. . .	3,000	id.

On peut les faire en zinc ou en tôle.

Échappement.

Le tuyau d'échappement se place au-dessus du

contre-tiroir au moyen d'une bride, il peut être en cuivre ou fer (tube Gandillot). Les diamètres varient avec les dimensions des machines.

Il convient d'employer pour les machines :

de 1/2 cheval	des tubes de	0,030 de diamètre int.	
1 cheval	id.	0,030	id.
2 chevaux	id.	0,038	id.
3 chevaux	id.	0,048	id.

Il faut autant que possible éviter les coudes, une grande longueur de tuyau placés horizontalement est toujours une mauvaise condition.

On peut faire déboucher le tuyau d'échappement sur un toit ou dans une cheminée.

Gaz.

On amène le gaz à la machine comme à tout autre appareil en ayant soin de proportionner les diamètres des tuyaux et la dimension du compteur à la force de la machine. Les compteurs à gaz sont désignés par le nombre de becs qu'ils peuvent alimenter. Chaque bec correspond à 120 litres par heure.

Compteur de 10 becs pour. . . .	1/2	cheval.
id.	20	id.	. . .	1	cheval.
id.	30	id.	. . .	2	chevaux.
id.	50	id.	. . .	3	chevaux.

Les diamètres de plomb amenant le gaz du compteur à la machine doivent être :

Pour 1/2 cheval   plomb de 0,020 de diamètre
  id.   1 cheval   id.   0,027   id.
  id.   2 chevaux   id.   0,035   id.
  id.   3 chevaux   id.   0,040   id.

Il est bien évident que si le compteur doit four-
nir en même temps du gaz pour l'éclairage, il faut
augmenter ses dimensions. Il y a toujours avantage
pour le client à se munir d'un compteur puissant,
à faire les branchements de distribution en plomb
de fort diamètre. C'est un peu plus de dépense
d'installation, mais on est toujours mieux alimenté...
Avant d'arriver à la machine, le gaz doit passer
dans une poche en caoutchouc, qui est fournie
par le constructeur et comprise dans le prix de la
machine; cette poche doit être placée après le
compteur. L'appareilleur soude sur le plomb d'arrivée un robinet, et sur ce robinet une des douilles
en cuivre qui sont fournies par le constructeur;
on attache sur cette douille l'une des extrémités de
la poche en caoutchouc, l'autre extrémité est fixée
sur une douille semblable également soudée sur le
plomb qui mène le gaz à la machine; le robinet
de la poche doit être placé à proximité de la machine; il faut toujours régler ce robinet de manière
que la poche ne soit pas complétement tendue.
Lorsque la machine est en marche, cette poche doit
accuser un mouvement qui ne peut être mieux
comparé qu'à la respiration pulmonaire.

Piles.

Dans un vase en grès ou en verre, on verse de
l'eau et ajoute du nitrate de mercure (1), jusqu'à
ce que l'eau devienne parfaitement laiteuse; pour
douze parties d'eau, on ajoute ensuite une partie
d'acide sulfurique. Cette eau acidulée marque au
pèse-acide environ 6°. Quand on veut faire la pile,
on remplit au tiers le vase en grès n° 1 avec de l'eau
acidulée. On place le zinc dans le vase de grès ainsi
que l'indique la figure (planche 2). On place le
charbon dans le vase poreux, et on remplit le vide
avec de l'acide nitrique (blanc à 40°) jusqu'à 2 c.
du bord. On introduit le vase poreux dans le vide
laissé pour le zinc au centre du vase en grès, et
si l'eau acidulée du vase de grès ne monte pas au
même niveau que l'acide nitrique du vase poreux,
on ajoute de l'eau acidulée, jusqu'à ce que le
niveau soit parfaitement atteint. Sur chaque zinc
et sur chaque charbon on place une petite presse

---

(1) Il est facile et économique de faire soi-même ce nitrate
de mercure, que l'on désigne souvent sous le nom de sel
à amalgamer. On met dans une capsule de porcelaine
400 grammes de mercure et 600 d'acide nitrique, on remue
ce mélange avec une baguette de verre jusqu'à dissolution
du mercure. On ajoute ensuite 400 grammes d'eau et on
conserve le liquide dans un flacon. Il faut opérer en plein
air ou sous la hotte d'une cheminée à cause des vapeurs
qui se dégagent pendant la dissolution.

en cuivre qui doit être bien nettoyée sur tous les points en contact avec le zinc ou le charbon, on réunit par un fil le zinc d'un élément avec le charbon de l'autre ; le fil employé pour cela est en cuivre. On gratte bien avec un couteau ou du papier de verre les extrémités du fil de manière à mettre le cuivre à nu et le rendre brillant sur une longueur de 3 centimètres. On recourbe les extrémités en forme de crochet et on les pince solidement sous les boutons des presses. On arme de la même manière avec des fils plus longs, le zinc et le charbon restés libres; on conduit le fil qui part du charbon (pôle positif) au bouton d de la bobine (Planche **2**, page 46) ; le fil qui part du zinc arrive au bouton f de la bobine, mais sur son passage on l'interrompt par une petite pièce spéciale : contact. — Le contact est une planchette en noyer qui porte deux boutons à presse, une aiguille mobile au tour d'un axe et une petite plaque en cuivre ; cette pièce est fournie par le constructeur. On arrête le fil qui vient de la pile dans un des boutons à presse en ayant soin comme toujours de bien en nettoyer l'extrémité. On place un autre fil dans l'autre bouton et on le conduit jusqu'au bouton f de la bobine (planche 2, page 46). Lorsque l'aiguille du contact est dans la position verticale, on voit que le circuit métallique est complet, l'électricité qui arrive de la pile peut s'écouler sur la bobine ; si l'on vient avec la main pousser l'aiguille à droite ou à gauche de la verticale, elle reposera sur le bois de la planchette du contact, et le bois n'étant pas conducteur, le courant ne passera plus.

Le contact doit être placé dans le voisinage de la machine, les accessoires de l'électricité, piles, bobines, peuvent être placés à toute autre distance, mais en ayant soin que la bobine soit toujours rapprochée de la pile ; le contact doit être à la main de celui qu met en marche.

Bobine d'induction.

Les deux boutons inférieurs de la bobine *d* et *f* ont reçu les fils venant de la pile ; au bouton *e*, on attache un fil qui va rejoindre ordinairement le tuyau de plomb qui conduit le gaz à la machine ; du 4ᵉ bouton de la bobine *h*, on amène un fil au distributeur de l'électricité. Ce dernier fil doit être parfaitement isolé ; pour cela, on l'enferme dans un tube en caoutchouc, et on se sert pour le guider d'isoloirs en porcelaine.

Distributeur.

C'est la pièce qui est destinée à conduire l'électricité tantôt à l'avant tantôt à l'arrière du cylindre. Le distributeur porte 3 presses. On fixe à la presse *p* (planche 2, page 46) le fil qui arrive de la bobine et qui porte ainsi le courant au centre du distributeur ; la presse *a* reçoit un fil également enveloppé de caoutchouc, et qui va se fixer à l'inflammateur *a*;

le fil de la presse *b* se fixe à l'inflammateur *b'* (ces deux fils sont placés par le constructeur et font partie de la machine).

Mise en marche.

On met la clef du robinet graisseur placé sur le cylindre dans la position horizontale, on ouvre la clef du robinet de la poche à gaz; on tourne le volant dans le sens indiqué par les flèches de la figure, de manière à amener le frotteur *K'* à la position également indiquée par la figure; on amène l'aiguille du contact *f'* dans la position verticale; si l'électricité passe normalement, on doit entendre la bobine d'induction produire un ronflement caractéristique. On ouvre alors légèrement la clef du gaz *G'* et on tourne immédiatement le volant. On entend un crachement qui se produit par le robinet graisseur et la machine se met en marche. On donne à la clef *m'* du robinet graisseur la position verticale; on règle le robinet de la poche de manière que celle-ci accuse franchement un mouvement de respiration. On ouvre le robinet qui amène l'eau dans le cylindre et la machine fonctionne normalement.

Graissage.

Le graissage du cylindre se fait naturellement aussitôt que la machine est en marche par la position verticale de la clef du robinet graisseur.

Ce graissage du cylindre doit se faire exclusivement avec de la panne brute ; elle est préférable au saindoux des charcutiers qui renferme toujours du sel et souvent de la fécule. On met un morceau de panne brute dans l'œil du presse-étoupe et un autre dans la boîte du tiroir d'échappement. Tous les organes de la machine doivent être graissés comme ceux d'une machine à vapeur, avec de l'huile dont on remplit les godets graisseurs disposés à cet effet.

La machine à gaz n'a pas besoin d'un graissage très-fréquent pour une marche de 11 heures; il suffit de graisser tous les organes une fois le matin ; le piston seul et l'œil du presse-étoupe ont besoin d'un graissage supplémentaire une ou deux fois dans la journée.

Arrêt.

Pour arrêter la machine on ferme le robinet du gaz G', on ouvre le robinet graisseur, on tourne ensuite l'aiguille du contact, on ferme la clef du robinet de la poche et enfin celui du compteur.

Entretien général de la machine.

La machine doit, comme toute machine, être entretenue en bon état de propreté, et pour cela essuyée chaque jour dans tous ses organes. Il faut une fois par semaine, le lundi par exemple, dévisser les deux inflammateurs a' et b' et en gratter les

extrémités de manière à rendre bien nettes les sur‑
faces de platine.

Le lundi et jeudi de chaque semaine il faut
renouveler les piles : on enlève les zincs, on les
frotte avec une brosse de chiendent, on démonte
les presses, on les nettoie avec un peu de papier
d'émeri, on vide les vases poreux et les vases en
grès complétement; on refait les piles à nouveau,
comme il a été indiqué au paragraphe Piles.

Paris, 1er juillet 1864.

Gustave LEFEBVRE,

INGÉNIEUR.

Paris. — Imprimerie de E. Donnaud, rue Cassette, 9.

MOTEUR A AIR DILATÉ

PAR LA COMBUSTION DU GAZ D'ÉCLAIRAGE

AU MOYEN DE L'ÉLECTRICITÉ

INVENTION DE E. LENOIR BREVETÉE S. G. D. G.

———

GUSTAVE LEFEBVRE

INGÉNIEUR-CONTRUCTEUR

115, Rue de la Roquette, à Paris.

———

Avantages du Moteur à air dilaté.

Plus de foyer, plus de fumée, plus de chaudières, plus
d'explosions, point d'enquête préalable, point de permis-
sion à demander; réduction aux moindres dimensions pos-
sibles de l'emplacement occupé par la machine; possibilité
de l'installer dans les sous-sols, magasins; point de mise
en pression, et par conséquent point de dépense ni de
temps perdu; mise en marche instantanée; arrêt immédiat
et suspension de toute dépense aussitôt qu'on cesse le travail, etc., etc.

PRIX DES MACHINES EN MAGASIN

POUR LES ABONNÉS DE LA COMPAGNIE PARISIENNE DU GAZ.

1/2 Cheval sans régulateur.	800
1 — avec régulateur.	1,300
2 Chevaux.	2,000
3 Chevaux.	2,500
Moteurs à double cylindre 1 et 2 chevaux. .	»

Nota. — Les prix comprennent toutes les pièces des machines et les appareils accessoires destinés à la production de l'étincelle électrique.

Les machines sont garanties pour la force et le bon fonctionnement.

Elles sont toutes mises au frein en les livrant, et font la force pour laquelle elles sont vendues. Le payement s'effectue en trois versements : tiers à la commande, tiers en prenant livraison et tiers en un règlement à 90 jours de celui de la livraison.

On peut tous les jours voir fonctionner les Moteurs à l'atelier, 115, rue de la Roquette, à Paris.

La dépense de gaz, par heure et par force de cheval effective, est de deux mètres cubes.

Une machine ne marchant qu'à la moitié de sa force ne consomme que la moitié de cette quantité de gaz.

MACHINE DE ½ CHEVAL

Installation.

Échelle de 0^m03 pour Mètre.

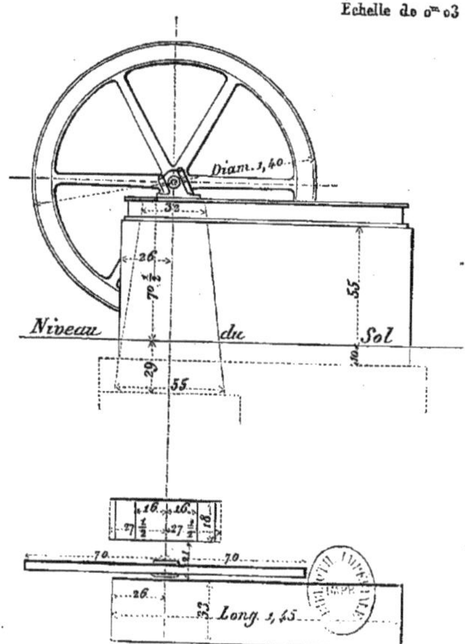

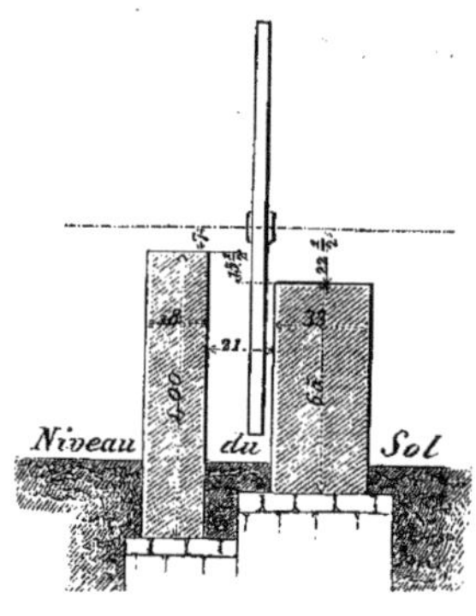

Emplacement.

Longueur totale y compris le Volant............1, 90
Largeur totale y compris la pierre du Palier...0, 72
Hauteur au dessus du Sol...........................1, 30

PARIS. — IMPRIMERIE DE E. DONNAUD,

RUE CASSETTE, 9.

9 782019 132828